Anerkennung von Mam' Lyddy

Thomas Nelson Seite

Alpha-Editionen

Diese Ausgabe erschien im Jahr 2023

ISBN: 9789359258683

Herausgegeben von
Writat
E-Mail: info@writat.com

Inhalt

ICH

Als Cabell Graeme oben im Château die hübsche Betty French umwarb, hatte er zwar viele Rivalen und nicht wenige Hindernisse zu überwinden, hatte aber das Glück, einen wertvollen Verbündeten zu gewinnen, dessen Freundschaft ihm zugute kam. Sie hatte einen kräftigen Schokoladenton, hatte gute Gesichtszüge und langes Haar, möglicherweise von einem arabischen Vorfahren geerbt, perlenartige schwarze Augen und eine Stimme wie eine Harfe, die aber gelegentlich zu einer Flamme werden konnte. Ihre Figur war klein und stämmig; aber mehr Würde wurde nie in der gleichen Anzahl von Kubikzoll komprimiert.

Mam' Lyddy war ihr ganzes Leben lang Teil der französischen Familie, wie schon ihre Mutter und Großmutter vor ihr. Sie hatte den größten Teil von drei Generationen auf ihrem üppigen Busen geschaukelt. Und als die Freiheit kam, schätzte sie das Ansehen der Franzosen, so sehr sie es auch geschätzt haben mochte, frei zu sein, viel zu hoch ein, um auf das Niveau der Klasse herabzusteigen, die sie immer als „freie Nigger" verachtet hatte. Sie war eine tief gefärbte Aristokratin.

Die Franzosen galten allgemein als eine der ältesten und besten Familien der Grafschaft, und die Château-Plantage mit ihren weiten Feldern und dem schönen alten Herrenhaus galt allgemein als eine der schönsten in dieser Gegend. Aber keine solche vergleichende Aussage hätte Mam' Lyddy zufrieden gestellt . Sie glaubte fest daran, dass die Franzosen das großartigste Volk der Welt waren, und es hätte nichts zu ihrer Würde beigetragen, wenn sie Prinzen gewesen wären, denn es hätte nichts dazu beigetragen, zu sagen, dass sie Mitglied eines königlichen Hauses war. Teils Mentorin, teils abhängig, teils Hausfrau, kannte sie ihre Position, und in ihrem Zuständigkeitsbereich war ihr Platz ebenso unbestritten wie der ihrer Geliebten, und ihr Rat wurde ebenso sorgfältig überlegt.

Caesar, ihr Mann, ein großer, ebenholzfarbener Mann mit Glatze und sanften Augen, stammte aus einer anderen Familie und wurde herablassend behandelt. Niemand wusste, wie oft er an seine Unterschicht erinnert wurde; aber es war oft genug, denn er war immer in einer etwas bescheidenen und entschuldigenden Haltung.

Die Franzosen waren als „wahrscheinliche" Familie bekannt, aber Betty war mit ihrem ovalen Gesicht, den weichen Augen und der Haut wie eine Magnolienblüte so unbestreitbar schön, dass sie „hübsche Betty" genannt wurde. Sie war ebenso unbestreitbar die Schönheit. Und während die alte Frau, die sie vergötterte, weitaus mehr Gefallen an ihrer Schönheit fand als selbst ihre Mutter , war sie ebenso wachsam wie Argus. Jeder junge Mann der vielen, die das alte französische Herrenhaus zwischen seinen Eichen und Ahornbäumen heimsuchten, musste sich dem prüfenden Blick dieser scharfen, zackenartigen Augen stellen. Der kleinste Ausrutscher, den man machte, reichte aus, um seinen Untergang zu beweisen. Die alte Frau siebte sie so sicher, wie sie ihr Essen siebte, und brandmarkte sie mit einem unfehlbaren Instinkt, der dem eines scharfen Wachhundes ähnelte. Manch ein junger Mann, der ohne Begrüßung an dieser schweigenden Gestalt vorbeiging oder leichtfertig von jemandem sprach , ohne auf ihre Anwesenheit zu achten, wunderte sich über seinen mangelnden Erfolg und hatte, ohne zu wissen warum, das Gefühl, gegen einen unsichtbaren Strom zu ziehen.

„Wir müssen ihn fallen lassen – das ist er nicht ein Gentleman ", sagte sie über einen. Von einem anderen: „Oh! Oh! Schatz, das wird er nicht tun. Er ist nicht unser Typ." Oder: „Betty, lass ihn gehen, mein Lamm. De Frenches nehmen das nicht wahr Kühe o' Stick.

Zum Glück für Cabell Graeme hatte er die Zustimmung der alten Frau. Erstens war er mit den Franzosen verwandt, und das war in ihren Augen ein Zeichen der Vornehmheit. Damals war er immer freundlich zur kleinen Betty und besonders höflich zu sich selbst gewesen. Er vergaß nicht nur nie, nach ihrem Befinden zu fragen, sondern erkundigte sich auch nach ihren Lieblingsleiden „Elend in ihrem Fuß" und „Wirbeln in ihrem Kopf", mit einem Interesse, das ihr zutiefst schmeichelte. Aber es reichte noch weiter zurück. Einmal, als Betty ein kleines Mädchen war, hatte Cabell, damals ein erwachsener Junge von zwölf Jahren, sie und ihre Mutter auf der falschen Seite einer schlammigen Straße gefunden, und als er durch die Straße watete, hatte er Betty getragen Als er hinüberwatete und dann zurückwatete, hatte er angeboten, auch Mam' Lyddy herüberzutragen.

„Geh weit weg Heah , Junge, du kannst mich nicht tragen."

„Ja, das kann ich, Mam' Lyddy . Du weißt nicht, wie stark ich bin." Er bereitete sich auf die Leistung vor.

Sie lachte ihn aus und mit einem Aufblitzen in seinen grauen Augen packte er sie plötzlich.

"Ich werde Ihnen zeigen."

Es kam zu einem ziemlichen Handgemenge. Sie war zu schwer für ihn, aber er gewann auf der Stelle ihre Freundschaft, und als er aufrecht und kräftig heranwuchs, reifte die Freundschaft. Dass er sie neckte und auslachte, beleidigte sie nicht im Geringsten. Niemand sonst hätte sich eine solche Freiheit mit ihr nehmen können, aber Cabells Anspielungen auf den sich verschlechternden Gesundheitszustand des alten Caesar und seine Andeutungen, wann immer sie „festgelegt" hatte, dass sie sich „umsehen" würde, amüsierten sie nur. Für sie machte es keinen Unterschied, dass er arm war, während mehrere andere von Bettys Liebsten reich waren. Er war „ ein Gentleman " und sie war eine Aristokratin.

Manchmal lieferten sie sich heftige Schlachten, aber jeder wusste, dass der andere ein Verbündeter war.

Cabell errang seinen endgültigen Sieg mit einer Kühnheit, die nur wenige gewagt hätten. Zu seinen Rivalen gehörte ein gewisser Mr. Hereford, den er besonders nicht mochte, teils, weil er ihn häufig „übertraf", und teils, weil er der Meinung war, dass Miss Betty seine Aufmerksamkeit zu sehr bevorzugte, und den Mammy Lyddy verabscheute, weil er sie immer ignorierte . Cabell beschuldigte sie, seine Sache im Stich gelassen und sich auf die Seite von Mr. Hereford geschlagen zu haben, und drohte, ihr und ihrem Verbündeten zum Trotz die Beute wegzunehmen.

„Du Zyant „Cyah , nichts ", sagte sie mit einem Hauch gespielter Verachtung. Seine Augen schnappten. Wortlos ergriff er sie, und trotz ihres Widerstands hob er sie hoch, warf sie über seine Schulter, als wäre sie ein Sack Mais, stolzierte die Stufen hinauf und ins Haus, wo er sie beschämt und besiegt absetzte ihre erstaunte junge Herrin. Die alte Frau gab vor, wütend zu sein, aber an diesem Tag erbeutete Cabell Graeme mehr als Mam' Lyddy
.

Als Cabel und die hübsche Betty heirateten, warf Mam' Lyddy ihr Los mit „ihrem Lamm".

In all den schlimmen Tagen der Teppichherrschaft hatte kein Weißer, nicht einmal Cabell Graeme selbst, der ein Anführer der jungen Männer war, die Neuankömmlinge mit größerer Verachtung betrachtet oder den Schurken gegenüber eine strengere Front gezeigt das Land verwüstet. Und als die Negerherrschaft am schlimmsten war, war Mam' Lyddy ihr erbitterter Verleumder. Cabell Graeme war ein Kapitän unter den jungen Männern, die endlich das böse Element besiegten, das seinen aufrührerischen Lauf genommen hatte. Und während des erbitterten Kampfes war er weit weg von zu Hause; Aber er wusste, dass er mit Mam' Lyddy einen so zweifelsohne zuverlässigen Beschützer seiner Frau und seiner Kinder zurückgelassen hatte, wie er noch nie zuvor eine Streikpostenlinie bewacht hatte.

Zu den widerlichsten farbigen Anführern gehörte Amos Brown, ein junger Neger mit einiger Bildung, der neben der Gabe der Gewandtheit auch genug Schlauheit hinzufügte, um ein Anführer zu werden. Als er an der Macht war, war er einer der gefährlichsten Männer im Staat, und solange er genügend Rückhalt hatte, schreckte er vor nichts zurück, um die Neger aufzustacheln. Einer seiner Pläne bestand darin, Geld von den Negern zu bekommen, um damit, wie er behauptete, zehn Prozent für die besten

Plantagen im Staat zu bezahlen, woraufhin die Regierung ihnen seiner Darstellung nach die Plätze überlassen sollte. Dieser Plan funktionierte gut genug, bis der Tag der Abrechnung kam, aber glücklicherweise kam er. Unter denen, die getäuscht wurden, war auch der alte Cäsar, der, ohne dass Mam' Lyddy davon wusste, all seine kleinen Ersparnisse in Amos Browns Gehöftplan investierte und ausgeraubt wurde. Teils aus Angst vor Mam' Lyddy und teils in der Hoffnung, sein Geld zu sparen, enthüllte der alte Mann den Plan vollständig, und mit den von ihm vorgelegten Beweisen gelang es Cabell Graeme und anderen, den Staatsmann ins Gefängnis zu schicken.

Lyddy ertragen musste , konnten sich nur diejenigen vorstellen, die ihre glühende Zunge kannten. Von da an nahm sie nicht nur alles, was sie verdiente, sondern auch jeden Cent, den der alte Cäsar verdiente.

„Du behältst das für mich, Marse Cab. Solange ich lebe, werde ich niemals darauf vertrauen , dass Cäsar auch nur einen Cent übrig hat. Ein Nigger hat überhaupt kein Gespür für Geld.

Aber obwohl Caesar gerne alles bezahlt hätte, was er verdiente, um sich Immunität von ihren Schmähungen zu erkaufen , ist es wahrscheinlich, dass er im weiteren Verlauf seines natürlichen Lebens mindestens dreimal am Tag von seinem Fehler hörte.

II

Solange die alten Leute lebten, wurde der französische Ort aufrechterhalten; Aber die Anforderungen an die erbliche Gastfreundschaft haben sich tief in die Überreste des Krieges eingenistet, und nach dem Tod des alten Colonel French und seiner Frau French und der Aufteilung des Anwesens blieb nur noch das Land übrig, und das war belastet.

Glücklicherweise war Cabell Graeme als Anwalt erfolgreich genug, um nicht nur seiner kleinen Familie das Leben zu erleichtern, sondern auch ein Angebot für eine Verbindung in den Norden zu erhalten, was ihn offensichtlich daran interessierte, dorthin zu gehen. Eines der Haupthindernisse auf dem Weg zum Umzug war Mam' Lyddy . Sie wäre mit ihnen gegangen, wenn nicht die vereinten Einflüsse des alten Cäsar und ein Hühnerstall voller sitzender Hühner gewesen wären. Der alte Mann befand sich in seiner letzten Krankheit und es ging ihm langsam bergab, und die Hühner würden bald geschlüpft sein. Da jedoch klar war, dass der alte Cæsar bald weg sein würde und die Hühner bald geschlüpft sein würden, nahm Graeme, nachdem er für Cæsars Trost gesorgt hatte , seine Familie mit, als er umzog.

Er wusste, dass die Trennung ein schwerer Schlag sein würde; aber es war schlimmer, als er erwartet hatte, denn ihre Wurzeln steckten tief im alten Boden. Alte Freunde drückten ihm beim Abschied die Hand mit den Gesichtern, die Männer tragen, wenn sie einen letzten Blick auf das Gesicht eines Freundes werfen. Besonders bitter war der Abschied von der Mama. Es brachte die Trennung deutlich zum Ausdruck, wie es kaum etwas anderes gegeben hatte. Und als Mr. und Mrs. Graeme ihr neues Zuhause mit seiner seltsamen Umgebung erreichten, wurde es durch ihre Abwesenheit noch seltsamer.

Der Wechsel der Bediensteten markierte den Wandel im Leben. Es fiel der Familie schwer, sich damit abzufinden. Mrs. Graeme war es immer gewohnt, dass die alten Dienstboten wie Familienmitglieder waren und dass ihre Hausangestellten sie als Feindin betrachteten oder als ihre Beute, die sie beunruhigte und quälte.

„Wirst du es mit farbigen Dienern versuchen?" fragte überrascht eine ihrer neuen Freundinnen.

„Oh ja, ich bin ziemlich daran gewöhnt."

„ Na ja. – Vielleicht – aber ich bezweifle, dass Sie daran gewöhnt sind."

Mrs. Graeme entdeckte bald ihren Fehler. Einer nach dem anderen wurde ausprobiert und verworfen. Diejenigen, die nichts wussten, blieben, bis sie genug gelernt hatten, um nützlich zu sein, und gingen dann, während diejenigen, die ein wenig wussten, dachten, sie wüssten alles und duldeten keine Weisung. Und alle waren unverschämt. Mit oder ohne Vorankündigung zog die dämmrige Prozession durch das Haus, wobei jeder Ausgehende ein Andenken an seinen vorübergehenden Aufenthalt mitbrachte.

„Ich weiß nicht, was los ist", seufzte Mrs. Graeme. „Ich dachte immer, ich könnte mit Farbigen klarkommen; aber irgendwie sind diese anders. Warum ist das so, Cabell!"

„Verwöhnt", sagte ihr Mann lakonisch. „Der Fehler lag in der Emanzipationserklärung. *Hausangestellte* hätten ausgenommen werden müssen."

Sein Humor gefiel seiner Frau jedoch nicht. Der Fall war zu ernst.

„Das Letzte, was ich mir gesagt hatte, war, dass ich besser für mich selbst kochen sollte, wenn mir das, was sie Kaffee nannte – und von dem ich eigentlich dachte, es sei Tee – nicht schmeckte. Und nachdem dieses andere Dienstmädchen eines meiner besten Kleider getragen hatte, ging es mit einer brandneuen Taille davon. Ich bleibe nur bei der jetzigen, bis Mammy kommt. Sie sagt, sie mag es, wenn man sie ‚Miss Johnson' nennt."

„*Ich* habe letzte Woche zwanzig Dollar für das Privileg bezahlt, einen düsteren Herrn die Treppe hinunterzuwerfen; aber ich habe es nicht gegönnt", sagte ihr Mann fröhlich. „Der Richter, der die Geldstrafe verhängte, sagte mir hinterher, dass der einzige Fehler, den ich gemacht habe, darin bestand, ihm nicht das Genick zu brechen."

Endlich war der alte Cäsar bei seinen düsteren Vätern versammelt, und nachdem die Hühner größtenteils beseitigt waren, ging Mr. Graeme hinunter und brachte die alte Mutter herein.

Er hatte der alten Frau geschrieben, sie solle mit einem bestimmten Zug nach Washington kommen, wo er sie treffen würde, und getreu seiner Verabredung traf er diesen Zug. Aber in der bunten Menge, die durch das Tor strömte, war keine Mam' Lyddy , und eine Erkundigung bei den Zugführern ergab, dass niemand im Zug gewesen sein konnte, der auf ihre Beschreibung geantwortet hatte.

Gerade als Graeme sich abwandte, um zum Telegrafenschalter zu gehen, kam einer der grau gekleideten farbigen Träger, ein untersetzter Mann mittleren Alters mit angenehmer Stimme und der Adresse eines Gentleman, auf ihn zu.

jemanden gesucht , Sir?"

„Ja, für eine alte farbige Frau, die alte Mutter meiner Frau.“

„Nun, ich denke, Sie finden sie vielleicht im inneren Wartezimmer. Dort ist eine alte Dame, die den ganzen Tag dort gewartet hat. Sie kam mit dem Morgenzug und sagte, sie erwarte dich. Wenn du mitkommst, werde ich es dir zeigen.“

„ Sie war den ganzen Tag dort“, sagte der Träger lachend, während sie weitergingen. „Ich fragte, auf wen sie wartete; aber sie wollte es mir nicht sagen. Sie sagte, es ginge mich nichts an.“

„Ich glaube, das ist sie“, sagte Graeme.

„Ja, Sir, das ist sie, sicher.“

Graeme dankte ihm. Mit einem Lachen ging er voran, wo Mammy Lyddy in einer Ecke saß, umgeben von Bündeln und Körben, in tiefstes Schwarz gekleidet und mit einer flammend roten Schleife um den Hals .

„Hier ist der Herr, den Sie gesucht haben“, sagte der Portier freundlich.

Graeme sah, stand sie so hastig auf, dass viele ihrer Bündel auf den Boden rollten.

„Warum, Mama! Warum bist du nicht mit dem Zug gekommen, den ich dir geschrieben habe?“ fragte Graeme.

„Na ja, du Er hat mich gebeten , heute zu kommen, und ich dachte, ich möchte pünktlich sein, also bin ich heute Morgen gekommen.

„Wenn Sie mir jetzt Ihre Tickets überlassen, werde ich mich um alles für Sie kümmern“, sagte der Gepäckträger zu Graeme.

Die alte Frau warf ihm einen schnellen Blick zu, und als sie dann sah, wie Graeme ihm sein Ticket reichte, drehte sie sich um und begann, in einer geheimnisvollen Nische in ihrer Kleidung zu suchen, und nach einer langen Erkundung holte sie eine kleine Tasche hervor, die ihr Ticket enthielt.

„Ist er einer deiner Diener?“ fragte sie Graeme leise.

Graeme lächelte. „Nun, ich glaube, er ist jedermanns Diener und Freund.“

„Ich wusste es nicht . Er kommt vorbei und erkundigt sich nach meinem Geschäft, das so aufdringlich ist, dass ich dachte, er sei einer dieser Regierungsleute , und ich hatte nichts damit zu tun Das ist nett.“

„Wie Amos Brown, Caesars Freund.“

Es war ein heikles Thema mit der alten Frau.

„Nun, ich wusste es nicht – ich dachte, er wäre einer dieser Perlis . Also schickte ich ihn lange wegen seines eigenen Geschäfts. Aber wenn man ihn kennt, ist es in Ordnung."

Die Passagiere, die am Abend ihrer Ankunft durch den großen Bahnhof strömten, waren überrascht, eine pummelige alte schwarze Frau zu sehen, die von einem Herrn begleitet wurde, der sie, beladen mit ihren Bündeln und Körben, so respektvoll durch die Menge führte, als wäre sie es gewesen die First Lady des Landes. Am Tor erwartete sie eine Dame und mehrere Kinder, und als sie sie sahen, brach ein Freudenschrei aus. Die alte Frau ließ ihre Bündel fallen, warf sich in die Arme der Dame und küsste sie immer wieder, woraufhin sie eine Vielzahl von Küssen von den Kindern erhielt.

„Na ja, so etwas habe ich noch nie gesehen", sagte ein Fremder zu einem anderen.

„Sie ist ihre Mama", sagte der andere schlicht und mit einem angenehmen Leuchten in seinen Augen.

Die Anwesenheit der alten Frau schien das Haus zu verändern. Kaum war sie installiert, nahm sie Besitz. Noch am selben Morgen etablierte sie ihre Position nach einem scharfen, aber entscheidenden Kampf mit der luftigen „farbigen Dame", die seit einigen Tagen im Haus herumtrödelte. Die Mutter hatte sie abgeschätzt, sobald ihr scharfer Blick auf sie fiel.

„Wie nennt man sich selbst ?" sie fragte sie.

"Was ist mein Name? Ich werde ,Miss Johnson – Miss Selina Johnson' genannt."

Die alte Frau schniefte.

„ Yo ' ist! Nun, wie nennt man sich selbst ? Geht 's, heah ?

„Du meinst, was ist meine Beschäftigung! Ich bin die Hilfe – eine der Hilfen ."

„ Yo ' ist!" Mam' Lyddy zog die Schürzenbänder um ihre kräftige Taille fester. „Nun, ,Miss Johnson', besorgen Sie sich die Matratze und helfen Sie mir, dieses Bett aufzurichten, damit Sie darauf schlafen können ." Mit einem Ruck drehte sie die Matratze hoch. Das Dienstmädchen war für einen Moment so verblüfft, dass sie nichts sagte. Dann richtete sie sich auf.

„Ich weiß, dass ich es nicht lernen kann . Ich habe es heute fertig gemacht . Und ich habe keine Ahnung .

Die Mutter wandte sich gegen sie.

„ Ähm ! Ich dachte auch! Ich weiß , scherzhaft . Naja, dann lieber Raus aus dem Zimmer, das ist besser für dich. Denn wenn ich meine Hand auf dich lege, werde ich dich nicht gehen lassen, bis ich getan habe, was deine Mutter dir jeden Tag in deinem Leben antun sollte ."

Sie kam mit einem so gefährlichen Funkeln in ihren scharfen kleinen Augen auf sie zu, dass „Miss Johnson" es für das sicherste hielt, sich hastig zurückzuziehen, und noch bevor es Schlafenszeit war, war das Anwesen völlig verschwunden.

In der Küche war die alte Frau ebenso anstrengend gewesen. An einem Abend hatte sie der Köchin bewiesen, dass sie mehr über das Kochen wusste, als dieser wohlzufriedene Mensch jemals geglaubt hätte. Sie hatte der anderen Magd beigebracht, dass sie instinktiv jeden lauernden Ort des Drecks kannte, wie geschickt er auch verborgen war, und dabei hatte sie beiden so viel Angst vor ihrer zweischneidigen Zunge eingeflößt, dass sie ihr Bestes taten, um sie zu versöhnen einen Eifer und eine Höflichkeit, die sie noch nie zuvor gezeigt hatten.

Zum ersten Mal wussten die Graemes , welchen Komfort ihr neues Zuhause bietet.

„Nun, das ist so etwas wie ein Zuhause", sagte Mrs. Graeme an diesem Abend, als sie an der Lampe saß. „Na ja, ich fühle mich wie der kleine Ben. Er sagte heute Abend: ‚Mama, Mama hat alte Zeiten mitgebracht.'"

„Möge sie ewig leben!" sagte Graeme.

Mit der Zeit jedoch begann Mrs. Graeme zu spüren, dass die alte Frau sich zu sehr auf das Haus beschränkte. Sie brauchte etwas Erholung. Sie war noch nicht einmal in der Kirche gewesen, und Mrs. Graeme wusste, dass dies ihre größte Freude war.

Ja, sie würde gerne in die Kirche gehen, sagte sie, aber sie wisse nichts von diesen schönen Kirchen . Sie mochte es nicht, auf die Straße zu gehen. „ Es waren zu viele fremde Leute für sie da. Dey hat es nicht getan keer Nichts für sie , sie für sie." Und es sei „so auch mit den Kirchen gewesen", meinte sie . Sie wuzten neue Nigger, und sie hatte keine Verwendung für sie, noch brauchten sie sie für sie."

Mrs. Graeme bestand jedoch darauf. Nicht weit entfernt befand sich, wie sie erfahren hatte, eine farbige Kirche, „Mount Salem", der Reverend Amos Johnson mit viel zur Schau gestelltem Wolltuch und Seidenhut vorstand. Als Redner genoss er einen beachtlichen Ruf und erschien von Zeit zu Zeit in den Zeitungen als ziemlich wetternder Autor über Themen mit politischer Färbung. Mrs. Graeme erklärte der alten Frau, dass sie mit den Menschen nicht mehr zu tun haben müsse, als sie wollte, und am folgenden Sonntag ging sie selbst mit ihr zur Tür der Kirche. Bevor sie ging , gab sie ihr einen halben Dollar, den sie auf den Teller legen sollte, und bat einen ernst aussehenden Platzanweiser, ihr einen guten Platz zu zeigen.

Als die alte Frau zurückkam , war sie interessiert, aber kritisch. „ Ich war es mein ganzes Leben lang gewohnt , in die Kirche zu gehen", erklärte sie, „aber ich habe noch nie etwas Vergleichbares gesehen . Br'er George Wash'n'ton Thomas vom Berg Zion war de fancies derjenige, den ich je gesehen habe; aber er konnte es nicht tetch Dieser Mann. Na ja, sie übertrifft die Weißen!"

„Waren sie nicht nett zu dir!" fragte ihre Herrin.

„Ich auch nicht, nicht besonders nett. Dat einer, mit dem du für mich gesprochen hast, wuz gwine , um mir einen Platz zu geben; aber ein Der hochmütige junge Geschrei hielt ihn auf und zwang ihn, mich zurückzudrängen und mich in eine Ecke hinter einer Säule zu stecken. Aber er hat mich nicht so sehr erwischt, dass sie mir keine Strafe auferlegt haben , als sie es getan haben Das Geld angehäuft . Als ich das eingegeben habe Fünf Cent, den du mir gibst , sprang er auf, als hätte ihn eine Stecknadel gestochen. Ich bin vorbeigekommen, damit es nicht klingen würde , sage ich dir!"

Dies brachte Mrs. Graeme auf eine Idee, und sie ermutigte sie, am folgenden Sonntag noch einmal hinzugehen, und gab ihr dieses Mal einen Dollar, den sie auf den Teller legen konnte.

„Seien Sie sicher und werfen Sie es hinein, damit es klingt", sagte sie zu ihr.

„Ich freue mich darauf."

heute ergangen? " fragte sie sie bei ihrer Rückkehr.

„Gut. Sie haben mich nicht ganz so weit zurückgehalten, und wenn ich den Dollar in sie gesteckt habe Wuz mehrere auf ihnen Schauen Sie , und als die Kirche vorbei war , kamen sie zu mir gerannt und sagten mir, ob ich das nächste Mal komme , sie hätten einen guten Platz für mich. Ich bin Gwine Noch einmal , aber das Erste, was sie wissen, ist, dass ich sie zum Narren halten werde . Das bin ich nicht Gwine hat einen Dollar reingesteckt , ich weiß."

Frau Graeme lachte. "Oh! Sie müssen dafür bezahlen, in der Gesellschaft zu sein. Das machen wir alle."

„Ich weiß, *dass ich* Das stimmt nicht ", erklärte die alte Frau, „ und ich glaube nicht, dass du mir jeden Sonntag einen Dollar gibst ."

„Das bin ich sicher nicht. Ich bringe dich nur zum Vorschein."

In der folgenden Woche sagte Frau Graeme zu ihrem Mann: „Ich glaube, Mammy ist auf den Markt gekommen. Der Prediger kam heute an die Haustür und bat darum, Frau Quivers zu sehen. Zuerst wusste ich nicht, wen er meinte . Dann sagte er, es sei „eine farbige Dame". So aufgeweckt hat man noch nie jemanden gesehen – Seidenhut, Samthandschuhe und Ebenholzstock. Und Mammy hat das ziemlich verärgert. Sie sagt, der Prediger sei von zu Hause und kenne Cäsar. Sie war danach wirklich luftig."

Mr. Graeme äußerte eine Beschwörung. „Du wirst diese alte Frau ruinieren und mit ihr den besten alten Neger, den es je gab."

„Oh nein", sagte Mrs. Graeme, „das besteht keine Gefahr. Du konntest sie nicht verwöhnen."

Ein paar Wochen später sagte sie: „Ja, Mammy ist gestartet. Sie sagte mir heute, dass sie dem Club beitreten wollte, und als ich fragte, in welchem Club, sagte sie: ‚The Coloured Ladies Sicity Club'." „Ich sollte sagen, sie wurde ins Leben gerufen", schniefte Mr. Graeme. „ Sie sagte mir, sie wolle ihr Geld selbst investieren. Der alte Narr! Sie werden es ihr rauben."

III

Die folgenden Wochen und Mam' Lyddys Eintauchen in „ Sizilien " begannen offenbar, Mr. Graemes Prophezeiung zu rechtfertigen. In der Kleidung der alten Frau hatte eine deutliche Veränderung stattgefunden, und auch bei ihr selbst hatte sich eine deutliche Veränderung vollzogen. Sie fing an, viel auszugehen, und ihr Verhalten war ganz neu. Sie war das, was sie noch vor ein paar Wochen als „städtisch und luftig " verspottet hätte . Schließlich konnte Mrs. Graeme es nicht länger vor sich verbergen.

Eines Abends, als sich ihr Mann nach seiner Rückkehr aus dem Büro mit der Abendzeitung auf seinen Stuhl warf, brachte sie das Thema zur Sprache.

„Cabell, es ist wahr; Du hast die Veränderung bemerkt!"

"Was? Ich habe keinen Zweifel daran." Er warf einen Blick auf seine Frau, um zu sehen, ob sie ein neues Kleid anhatte oder ob sie die Art und Weise, wie sie ihre Frisur trug, geändert hatte, dann schaute er sich ziemlich unbehaglich um, um zu sehen, ob die Möbel verschoben worden waren oder ob die Bilder verändert worden waren; Punkte, bei denen seine Frau dazu neigte, besonders zu sein.

„Die Veränderung bei Mammy! Ich sollte sie nie als dieselbe Person kennen."

"Natürlich habe ich. Sonst ist mir nichts aufgefallen. Sie ist so gut gekleidet wie eine Geige. Sie nimmt es zur Kenntnis. Sie wird dem alten Cäsar einen Nachfolger geben. Was wirst du jetzt tun? Ich dachte, der dicke Schwarze, den ich mit Seidenhut und langem Mantel durch das Hintertor gehen sah, sah aus wie ein Prediger. Du solltest besser auf ihn aufpassen. Sie wissen, dass sie immer auf Prediger fixiert war. Er ist sicher ein Prediger."

„Das ist er", bemerkte der kleine Junge auf dem Boden. „ Das ist Reverend Mr. Johnson. Und, oh! Er kann auf jeden Fall wunderschöne Rauchringe blasen. Er kann ein ganzes Dutzend in die Luft jagen und dafür sorgen, dass sie sich gegenseitig durchdringen. Du solltest ihn einfach sehen, Papa."

Sein Vater warf einen beiläufigen Blick auf die Zigarrenschachtel auf dem Tisch.

„Ich glaube , eines Tages werde ich das tun ", sagte er halb grimmig.

„Ich würde sie nie als dieselbe Person erkennen. Sie ist so verändert!" verfolgte Frau Graeme. „Sie geht die Hälfte der Zeit aus, und heute Morgen war sie so wütend! Sie sagt, dass sie genauso gut ist wie ich, wenn sie schwarz ist. Ihr geht es genauso wie den anderen hier oben."

Mr. Graeme warf die Zeitung weg, die er gerade las.

„Es sind diese Neger aus dem Norden, die sie verärgert haben, und die Narren wie der Herausgeber dieser Zeitung, die sie verärgert haben.“

Mrs. Graeme sah nachdenklich aus.

„Dieser Prediger ist in letzter Zeit oft hierher gekommen. Ich frage mich, ob das etwas damit zu tun haben könnte!“ sagte sie langsam.

Ihr Mann schniefte.

"Ich werde es herausfinden."

In diesem Moment öffnete sich die Tür und herein kamen Mam' Lyddy und ein kleiner Junge in der ganzen Pracht von fünf Jahren und dem ganzen Stolz seiner ersten Kniebundhose. Das Gesicht der alten Frau zeigte einen für sie völlig neuen Ausdruck von Niedergeschlagenheit, und Mr. Graemes Mund verzog sich. Seine Frau hatte gerade noch Zeit zu flüstern: „Sag kein Wort zu ihr.“ Aber sie kam zu spät. Mam' Lyddys Gesichtsausdruck trieb ihn zum Ungehorsam. Er warf ihr einen scharfen Blick zu und sagte dann halb scherzhaft: „Alte Frau, was ist in letzter Zeit mit dir los?“

Mam' Lyddy antwortete nicht sofort. Sie schaute weg und sagte dann: „ Wid me? Ist es nicht Es ist mir egal .

„Oh ja, das gibt es. Was ist es? Möchtest du nach Hause gehen?"

Sie schien einen Moment lang halb erschrocken zu sein, dann antwortete sie schärfer: „Ich will auch nicht nach Hause gehen.“ Ich habe kein Zuhause, wohin ich gehen kann.“

„Oh ja, das hast du. Nun, was ist los? Raus mit der Sprache. Hast du Geld verloren!“

habe auch kein Geld verloren, von dem *ich* weiß.“

„Haben Sie Lotto gespielt?“

„Ich weiß nicht, was das ist.“

„Das tust du nicht, ah! Nun, das würden Sie tun, wenn Sie in letzter Zeit an der Wall Street gewesen wären. Nun, was ist los? Du gehst hier so niedergeschlagen herum wie eine Fleischaxt. Es ist etwas los. Was ist es?"

„Ain' nothin ' de matter wid *ich* .“ Unter dem halb amüsierten, halb verächtlichen Blick ihres Meisters wandte sie den Blick ab und fügte dann halb mürrisch hinzu: „Ich will *Rec'nition* .

„Willst du Anerkennung? Wie meinst du das?"

„ Das ist es, was *wir tun* will “, erklärte die alte Frau und fasste Mut.

Graeme lachte.

„Was ist Anerkennung?“

„Ich weiß nicht, was das ist , aber das ist es , was wir *wollen* .“ Ihr habt es alle und ihr müsst es *uns* geben .“

„Du meinst, du willst mit uns am Tisch sitzen!“ rief Frau Graeme aus.

Mammy Lyddy drehte sich zu ihr um. „Du weißt, ich meine das nicht so verrückt ! Ich habe noch mehr gelacht als diesem brüllenden Mädchen , wie du es nennst, eine Ohrfeige zu geben, weil es neulich darüber geredet hat .“

"Was willst du dann!"

„Ich will *Erholung* – das ist alles, was ich will.“

„Wer hat dir gesagt, dass du das sagen sollst?“ fragte Herr Graeme.

„Wer hat mir gesagt, dass ich das sagen soll ?“ Sie war verwirrt.

"Ja."

„Niemand hat mir gesagt , dass ich es sagen soll.“

„Ja, das hat jemand. Wer war es? – der Reverend Johnson? Hat er dir das nicht gesagt?“

Sie zögerte; aber Mr. Graemes Auge suchte.

„Nun, er hat nichts mit den anderen zu tun – nicht *viel* mo '. Natürlich hat er mir erzählt , dass er darüber *predigt* ; Aber *musste es mir* nicht jemand sagen? Ich weiß es selbst.“

„ Natürlich hast du das, und du musst es haben. Das gilt auch für Reverend Mr. Johnson“, sagte Mr. Graeme. Sein Ton drückte eine so plötzliche Liebenswürdigkeit aus, dass die alte Frau ihn misstrauisch ansah, er aber lächelte sanft und nachdenklich.

„Was haben Sie mit den vierhundertfünfundfünfzig Dollar gemacht, die Sie letzte Woche von der Bank abgehoben haben? Haben Sie es investiert oder Herrn Johnson geliehen?“ Es war ein waghalsig gespannter Bogen, aber der Pfeil traf ins Schwarze, wie Mr. Graeme sah.

„Ich habe es verliehen.“

„Sie meinen, Mr. Johnson hat es für Sie investiert? Übrigens, wie ist sein Vorname!“

"Jawohl. Sein Name ist Rev. Amos Johnson.“

„Bei George! Das dachte ich mir“, sagte Graeme halblaut. „Ich habe ihn letzte Woche bei den Rennen gesehen. Ich wusste, dass ich ihn schon einmal gesehen hatte.“ Sein Gesichtsausdruck wurde plötzlich fröhlich.

„Was hat er dir dafür gegeben?“

„Er hat es nicht getan Gib mir nichts . Er ist gwine , um das Vertrauen für mich zu gewinnen .“

"Oh! Ich dachte auch. Nun, ich möchte Rev. Mr. Johnson sehen, wenn er das nächste Mal kommt. Wann erwarten Sie ihn?“

„Ich werde ihn nicht alle ‚pektinieren‘. Er kommt manchmal. Er war ein Freund von Cæsar .

"Ah! er war! Also dachte ich. Kommt wohl, um eine Zigarre zu rauchen!“

Sie sah so unruhig aus, dass er beiläufig fortfuhr: „Nun, es ist sehr gut; Bleiben Sie immer mit dem Tuch im Bilde. Er ist ein guter Prediger, wie ich höre! Hält mit der Zeit Schritt und interessiert sich in mehr als einer Hinsicht für die Rennen.“

"Jawohl; er predigt sehr gut.“

"Das ist alles. Nun ja, Ihr Freund muss , Rec'nition ‘ haben .“

Die alte Frau zog sich zurück.

Am nächsten Tag ging Graeme zu einem Detektivbüro und hinterließ ein Memorandum. Einige Tage später erhielt er eine Nachricht von der Agentur: „Ja, es ist derselbe Mann. Er besucht die Poolräume häufig. Kam aus Kentucky. Früher war er als ‚Amos Brown‘ bekannt.“

IV

Einige Tage lang kam Herr Graeme früher als gewöhnlich nach Hause, und eines Abends wurde er belohnt. Gleich nach seiner Ankunft kam der kleine Ben herein, kletterte zu seiner Zigarrenkiste, holte mehrere Zigarren heraus und zog sich schweigend zurück. Sobald er verschwunden war, trat sein Vater ans Telefon, rief die Detektei an und bat darum, sofort einen Beamten zu seinem Haus zu schicken. Ein paar Minuten später traf der Beamte ein, und nachdem er ein paar Worte mit ihm gesprochen hatte, stellte Mr. Graeme ihn am Hintertor auf und schlenderte zurück in Richtung Küche. Als er sich leise der Tür näherte , hörte er Stimmen in seinem Inneren – eine davon die Stimme seines kleinen Jungen, die andere die tiefen, salbungsvollen Töne eines Negers. Das Kind flehte diesen an, Rauchkränze zu blasen, und der Mann tauschte mit ihm.

„Nun, du musst mir *mehr* Zigarren besorgen; Denken Sie daran, was ich Ihnen gesagt habe – sechs Kränze für eine Zigarre."

In diesem Moment kam offenbar die Mutter herein, denn Mr. Graeme hörte, wie der Mann das Kind warnte, und hörte zum ersten Mal ihre Stimme:

„Was erzählst du da? Chile ?" fragte sie misstrauisch.

"Nichts. Ich habe ihn nur unterhalten, indem ich ein paar dieser kunstvollen Kränze geblasen habe, die er so sehr bewundert. Meine guten Freunde halten mich in Zigarren. Es ist einer der wenigen Trost im Leben eines hart arbeitenden Pfarrers. Nun, Schwester, ich habe dich angerufen, um dir mitzuteilen, dass deine Investition noch lohnender sein wird, als ich erwartet hatte – und um dir zu sagen, ob du noch mehr hast oder dir sogar welche leihen kannst, damit ich es so platzieren kann, wie du es beim letzten Mal getan hast. Ich kann Ihnen garantieren, dass wir es in kurzer Zeit verdoppeln."

„Ich habe nichts mehr – und habe niemanden , der mir nichts leiht."

„Na ja, ah! Konnten Sie von Ihrem Arbeitgeber keine bekommen?" Er senkte seine Stimme; aber Graeme verstand die Worte. „Man könnte Geld für das Silber sammeln – und sie würden es nie erfahren. Außerdem schulden sie Ihnen die gesamte Arbeit, die Sie unentgeltlich geleistet haben. Denken Sie daran, wie viele Jahre Sie als Sklave ohne Bezahlung für sie gearbeitet haben."

„Jetzt muss ich das machen ! " rief die alte Frau.

In diesem Moment öffnete Graeme sanft die Tür. Die Mutter stand mit dem Rücken zu ihm und auf einem Stuhl, nach hinten geneigt, die Füße auf einem anderen Stuhl, saß ein großer und geschmeidig aussehender Neger mittleren Alters, in der ganzen Pracht eines schwarzen Wollmantels und einer weißen Krawatte. Er war gerade damit beschäftigt, kleine Kränze zu blasen, während der kleine Ben daneben stand und ihn mit offenen Augen, Staunen und Freude ansah.

Beim Anblick von Mr. Graeme erhob sich der Prediger mit einem Schluck, der seine letzte Anstrengung leider störte. Ein Ausdruck der Angst huschte über sein Gesicht und wich dann einem listigen, halb unverschämten Blick.

„Guten Abend, Sir", begann er mit einem einschmeichelnden Lächeln, das nicht ganz frei von Unbehagen war.

„Guten Abend, Amos. Mama, würdest du bitte zu deiner Herrin gehen? Nimm den Jungen mit. Lauf mit, mein Sohn."

Die alte Frau mit halb verängstigter Miene führte das Kind hinaus, und Mr. Graeme schloss die Tür und wandte sich wieder dem Besucher zu, der sehr verlegen aussah.

„Nimm meine Zigarren aus deiner Tasche."

Die Hand des Predigers wanderte unwillkürlich zu seiner Brusttasche und senkte sich dann.

"Was! Deine Zigarren aus meiner Tasche? Ich habe keine Zigarren von Ihnen, Sir." Er sprach mit leicht zunehmender Strenge, da Mr. Graeme so ruhig blieb.

„Oh ja, das hast du. Aber egal für den Moment. Du hättest sie genauso gut einen Moment dort lassen können. Warum kommst du ständig hierher?"

„Was mache ich? – Komme ich hierher? Ich bin Pfarrer der Gawspel , Sir, und ich habe ein Mitglied meiner Gemeinde hier, und ich komme, um mich um ihr Wohlergehen zu kümmern."

„Und dafür zu sorgen, dass sie Anerkennung bekommt?"

„Suh?" – mit einem Zucken.

„Und ganz nebenbei, um mir meine Zigarren und ihr ihre kleinen Ersparnisse zu stehlen", fuhr Mr. Graeme ruhig fort.

„Aha? Ich habe auch nicht getan, dass ich meinen Eid auf das Wort des allmächtigen Gottes schwören werde. "

Die Fassade seiner schönen Rede war vollständig abgelegt worden, und Rev. Johnson sprach jetzt ganz natürlich.

„Was hast du mit dem Geld gemacht, das du ihr genommen hast?"

„Was habe ich mit – gemacht? Welches Geld?"

Mr. Graeme zeigte zum ersten Mal Ungeduld.

„Die vierhundertfünfundfünfzig Dollar, die du von ihr bekommen hast. Gab es mehr als das?"

An diesem Punkt öffnete Mam' Lyddy die Tür und kam herein. Sie sah etwas verwirrt und ziemlich verstört aus, sagte aber nichts. Sie nahm nur ihren Standpunkt ein und wartete mit verschränkten Armen schweigend und aufmerksam.

Der Neger sah, dass Mr. Graeme davon wusste und antwortete umgehend.

"Oh! Sie irren sich, Sir. Ich habe kein Geld von ihr genommen. Du kannst sie töten. Sie hatte einen Geldbetrag, den ich als Gefallen für sie investierte. Da kannst du die Schwester fragen. Ich nehme an, dass Sie sich darauf beziehen!"

„Investiert! In was?"

„Ah – ur – in – ur – der Afro-American Sister's Loan and Trust Association. Ich habe versprochen, es für sie zu investieren."

Am Anfang stammelte er viel, war aber gelassen genug, als er den Namen herausbrachte. „Habe ich das nicht, Schwester!"

"Jawohl." Die alte Frau war sichtlich beeindruckt. Das listige Gesicht des Predigers hellte sich auf.

„Siehst du, was sie sagt?"

„Mit seinem Hauptbüro auf der Pferderennbahn hier draußen", sagte Graeme und warf den Kopf zurück. „Schau her, ich möchte, dass du das Geld bekommst."

Lyddy einen Blick zu und beschloss, dass sie ihm beistehen würde. Plötzlich versteifte er sich und nahm sein affektiertes Verhalten wieder an.

„Nun, Sir, ich weiß nicht, mit welchem Recht Sie sich in meine Angelegenheiten – oder die dieser Dame – einmischen."

„Du nicht? Nun, das werde ich Ihnen jetzt zeigen. Mein Recht ist, dass sie ein Mitglied meiner Familie ist, das ich vor solchen Schurken und Dieben wie dir, Amos Brown, beschützen werde."

Der Name empfing den Prediger wie einen Schlag.

Bei den Worten zuckte die alte Mutter zusammen, als wäre sie erschossen worden. Sie beugte sich vor und bewegte sich langsam nach oben.

„Was heißt das ? – ‚Amos *Brown* ‘? Was hast du gesagt, Marse Cabell?
‚Amos *Brown* ‘?“

Mr. Graeme nickte. "Ja. Das ist Amos Brown, ‚ein Freund von Caesar‘.“

„In der Tat, das bin ich nicht . Ich bin Reverend Amos Johnson –“,
begann der Prediger, aber sein Aussehen täuschte ihn. Mammy Lyddy
erkannte die Wahrheit und in der nächsten Sekunde brach der Sturm los.

„‚Amos Brown‘ bist du ? Ich hätte es vielleicht gewusst ! Du Dieb! Du bist
ein Freund von Caesar! Wo ist mein Geld? – Mein Geld, das du Cäsar
gestohlen hast? Redest du mit mir über die Rekrutierung ? Ich habe dich
erkannt , du schwarzer Nigger. Lass mich an ihn ran, Marse Gabelle .

Die alte Frau stürzte mit so drohender Miene auf ihn zu, dass Graeme
dazwischenging und der Prediger sich schutzsuchend hinter ihn zurückzog.
Selbst dieser Ort der Sicherheit rettete ihn jedoch nicht vor ihrer bissigen
Zunge. Sie schüttete die Fläschchen ihres Zorns über ihn aus, bis Graeme sie
aufhielt, weil er befürchtete, sie könnte in Ohnmacht fallen.

"Hör jetzt auf. Ich werde mich mit ihm abfinden.“

Seine gebieterische Miene beruhigte sie, aber sie stand noch immer mit
finsterem Blick da und murmelte ihren Zorn.

„Du wirst das Geld morgen um diese Stunde wieder hier haben, oder ich
stecke dich in die Strafanstalt, wo du schon einmal warst und jetzt sein
solltest. Und jetzt nimmst du meine Zigarren aus deiner Tasche, oder ich
gebe dich dem Polizisten da draußen an der Tür. Raus mit ihnen.“

„Chef, ich habe keine Zigarren von dir . Ich schwöre darauf bei de wud
o'--“

„Raus mit ihnen – oder –“ Mr. Graeme drehte sich um, um die Tür zu
öffnen. Der Neger warf einen Blick auf Mam' Lyddy und holte langsam
mehrere Zigarren aus seinen Taschen.

„Das sind alle Zigarren, die ich habe – und das auch „Wuz hat mir ein
Freund geschenkt“, sagte er mürrisch.

„Ja, von meinem kleinen Jungen. Ich weiß. Leg sie dort hin. Ich werde sie
bis morgen behalten. Und jetzt geh und hol das Geld.“

„Welches Geld? – Ich kann das Geld nicht haben – das Geld ist
investiert.“

„Dann bringen Sie die Wertpapiere mit, in die investiert wird. Ich weiß,
wohin das Geld geflossen ist. Du gehst und raubt jemand anderen aus – aber
bringe das Geld morgen vor drei Uhr in mein Büro, sonst stecke ich dich
morgen Abend ins Gefängnis. Und wenn Sie diesen Ort jemals betreten oder

noch einmal mit dieser alten Frau sprechen, werde ich Sie verhaften lassen. Verstehst du!"

"Jawohl."

"Jetzt geh." Er öffnet die Tür.

„Offizier, erkennen Sie diesen Mann?"

„Ja, Sir, ich kenne ihn."

„Nun, ich werde ihn vorerst gehen lassen"

Der Rev. Amos schlich bereits die Straße entlang. Mr. Graeme wandte sich an die alte Frau.

„Du willst Anerkennung?"

„ Ich auch nicht." Sie wimmerte. „Ich will mein Geld. Ich möchte diesen schwarzen Nigger in die Finger bekommen , der mich ausgeraubt hat, weil ich darüber geredet habe , ein Freund von Cäsar zu sein ."

"Möchtest du nach Hause gehen?"

„Dis ist mein Zuhause." Sie sprach bescheiden, aber bestimmt.

Zwei Tage später sagte Frau Graeme:

„Cabell, Mammy ist bekehrt. Es ist wie in alten Zeiten."

„Ich denke, es wird halten", sagte ihr Mann. „Sie hat vierhundertfünfundfünfzig Dollar verloren, und die Herde von Mount Salem ist vorübergehend ohne Hirten. Pfarrer Amos Johnson wurde heute Morgen verhaftet, weil er eines seiner Schafe geschoren und einen Scheck mit dem falschen Namen unterschrieben hatte."